BEI GRIN MACHT SICH IHR WISSEN BEZAHLT

- Wir veröffentlichen Ihre Hausarbeit, Bachelor- und Masterarbeit

- Ihr eigenes eBook und Buch - weltweit in allen wichtigen Shops

- Verdienen Sie an jedem Verkauf

Jetzt bei www.GRIN.com hochladen und kostenlos publizieren

Bibliografische Information der Deutschen Nationalbibliothek:

Die Deutsche Bibliothek verzeichnet diese Publikation in der Deutschen Nationalbibliografie; detaillierte bibliografische Daten sind im Internet über http://dnb.d-nb.de/ abrufbar.

Dieses Werk sowie alle darin enthaltenen einzelnen Beiträge und Abbildungen sind urheberrechtlich geschützt. Jede Verwertung, die nicht ausdrücklich vom Urheberrechtsschutz zugelassen ist, bedarf der vorherigen Zustimmung des Verlages. Das gilt insbesondere für Vervielfältigungen, Bearbeitungen, Übersetzungen, Mikroverfilmungen, Auswertungen durch Datenbanken und für die Einspeicherung und Verarbeitung in elektronische Systeme. Alle Rechte, auch die des auszugsweisen Nachdrucks, der fotomechanischen Wiedergabe (einschließlich Mikrokopie) sowie der Auswertung durch Datenbanken oder ähnliche Einrichtungen, vorbehalten.

Impressum:

Copyright © 2012 GRIN Verlag
Druck und Bindung: Books on Demand GmbH, Norderstedt Germany
ISBN: 9783668995079

Dieses Buch bei GRIN:

https://www.grin.com/document/495211

Anonym

Ghost Sounds als Filmhandlung in Filmen der "Berliner Schule"

Christian Petzolds "Gespenster"

GRIN Verlag

GRIN - Your knowledge has value

Der GRIN Verlag publiziert seit 1998 wissenschaftliche Arbeiten von Studenten, Hochschullehrern und anderen Akademikern als eBook und gedrucktes Buch. Die Verlagswebsite www.grin.com ist die ideale Plattform zur Veröffentlichung von Hausarbeiten, Abschlussarbeiten, wissenschaftlichen Aufsätzen, Dissertationen und Fachbüchern.

Besuchen Sie uns im Internet:

http://www.grin.com/

http://www.facebook.com/grincom

http://www.twitter.com/grin_com

Philipps Universität Marburg

Ghost Sounds in Filmen der „Berliner Schule"

Ist der Einfluss, den Ghost Sounds auf die Wahrnehmung des Rezipienten ausüben so groß, dass man sie als Teil der Filmhandlung bezeichnen kann?

Am Beispiel von Christian Petzolds „Gespenster"

Inhalt

		Seite
1.	Einleitung	3
2.	Ghost Sounds in Filmen der „Berliner Schule"	
	2.1. Definition „Ghost sounds" und „acousmètre"	4
	2.2. Ghost sounds in Christian Petzolds „Gespenster"	
	2.2.1. Filmvorstellung „Gespenster"	5
	2.2.2. Szenenanalyse	6
3.	Resümee	8
	Literaturverzeichnis	9

1. Einleitung

Im Verlauf der Filmgeschichte ist ein wachsender Bedeutungsgrad des Tons zu beobachten. War er früher dem Bild noch stark untergeordnet, so ist man sich heute der Wirkung, die mit Musik und Geräuschen erzielt werden kann, bewusst. In dieser Arbeit möchte ich mich mit einer speziellen Art des Tons, den Ghost sounds, beschäftigen. Als Untersuchungsgegenstand habe ich den Film „Gespenster" von Christian Petzold gewählt.

Schon im Titel des Films, den ich in meiner Hausarbeit näher betrachten möchte, wird auf den phantomhaften Aspekt der erzählten Geschichte hingewiesen.
Doch welche Rolle spielen diese „Gespenster", die als Stimmen ohne sichtbare Quelle im Film zu finden sind?
Gestaltungselemente wie zum Beispiel Figurenrede, Filmmusik, sowie Kameraführung üben einen Einfluss auf die Wahrnehmung des Rezipienten aus und leisten damit ihren Teil zur Entstehung eines Films.
In meiner Hausarbeit möchte ich, nach einer kurzen Vorstellung des behandelten Films, anhand beispielhaft gewählter Filmszenen untersuchen, welche Aufgaben Ghost sounds erfüllen und wie groß der Einfluss, den sie auf die Wahrnehmung des Zuschauers ausüben, ist.
Abschließend werde ich mir die Frage stellen, ob die Ghost sounds in „Gespenster" aufgrund ihrer Bedeutung und ihres Einflusses auf den Filmablauf als direkter Teil der Handlung gesehen werden können.

2. Ghost sounds in Filmen der „Berliner Schule"

Ist der Einfluss, den Ghost Sounds auf die Wahrnehmung der Rezipienten ausüben so groß, dass man Ghost Sounds als Teil der Filmhandlung bezeichnen kann?

2.1. Definition Ghost sounds und „acousmêtre"

Die sogenannten „Ghost Sounds", auf deutsch „Geisterstimmen", stehen für die Stimmen und Geräusche in einem Film, die keinen sichtbaren Körper haben. Die optische und die akustische Ebene eines Films können sowohl gemeinsam, als auch einzeln die kinematographische Imagination formen. So werden zum Beispiel erzählerische Lücken durch eine entsprechende Vertonung gefüllt und auch im Bild nicht sichtbare Vorgänge werden dem Zuschauer auf der akustischen Filmebene vermittelt.

In diesem Zusammenhang hat der Franzose Michel Chion den Neologismus „acousmêtre" geprägt, um sich auf Stimmen oder Geräusche aus dem Off zu beziehen.

Unter dem Akusmatischen versteht man ein akustisches Element, dessen Quelle uns als Zuschauer verborgen bleibt.[1]

Die Bezeichnung als „körperlose Stimme" ist allerdings unpassend, da es keine Stimme ohne Körper geben kann, dieser ist lediglich nicht sichtbar.

Der Wortteil „-être" (=sein) deutet schon daraufhin, dass diese Töne ihre eigene Identität besitzen, ohne dass sie von einem Körper getragen werden müssen. Sie beanspruchen ihr eigenes Sein im Film.

Manchmal sind diese akustischen Elemente so stark, dass durch sie unser visueller Eindruck in Frage gestellt wird und wir das Gesehene neu einordnen müssen. So bezeichnet Chion „[...] the ability to be everywhere, to see all, to know all, and to have complete power"[2] als die vier Mächte, über die das acousmêtre verfügt.

---

[1] vgl. Löffler, Petra: Ghost Sounds und die kinematographische Imagination. In: Thomas Schick und Tobias Ebbrecht (Hg.): Kino in Bewegung. Wiesbaden: VS Verlag für Sozialwissenschaften 2011. S.66.

[2] Chion, Michel: The voice in cinema. New York [u.a.]: Columbia Univ. Press 1999. S.24.

2.2. Ghost sounds in Christian Petzolds „Gespenster"

2.2.1. Filmvorstellung „Gespenster"

Der Film „Gespenster" von Christian Petzold, der Teil der „Gespenster-Trilogie" ist und im Jahr 2005 auf der Berlinale vorgestellt wurde, entwickelt sich aus zwei einzelnen Handlungssträngen.

Auf der einen Seite wird die Geschichte einer Mutter erzählt, die seit mehreren Jahren verzweifelt nach ihrer im Kindesalter entführten Tochter sucht. Auf der anderen Seite lernen wir Nina kennen, eine junge Frau, die in Berlin lebt und eine schwere Kindheit im Heim hinter sich hat.

Diese beiden Handlungsstränge kreuzen sich, als die beiden Frauen aufeinander treffen und Françoise meint, in Nina ihre vermisste Tochter wiederzuerkennen.

Im weiteren Verlauf des Films treffen die Geschichten der beiden Frauen immer wieder aufeinander, nur um kurze Zeit später wieder auseinander zu triften.

Dadurch entsteht beim Zuschauer der Eindruck, dass die Handlung des Films aus zufälligen, nicht zusammenhängenden aus dem Leben gegriffenen Szenen besteht. Aufgrund dieser lückenhaften Erzählung, erschließt sich die Filmhandlung dem Zuschauer erst nach und nach und fordert somit einen aktiven Rezipienten.

2.2.2. Szenenanalyse

In diesem Kapitel meiner Hausarbeit möchte ich verschiedene Szenen des Films „Gespenster", in denen ich Ghost sounds festgestellt habe, näher betrachten und auf die Wirkung und Bedeutung der Ghost sounds eingehen.

Der Film beginnt mit einer in einem fahrenden Auto spielenden Szene. Im Hintergrund hört man eine Melodie und eine menschliche Stimme. Durch die Kamerastellung im Inneren des Autos bleibt die Quelle dieser Stimme verborgen, jedoch liegt die Vermutung nahe, dass es sich um die Stimme eines Navigationssystems handelt. Parallel hierzu hört man eine Melodie, die vermutlich aus dem Radio oder dem CD-Player des Auto kommt. Es handelt sich hierbei um Johann Sebastian Bachs Kantate „Ich hatte viel Bekümmernis im Herzen".

Durch diese traurige Melodie wird gleich zu Beginn des Films eine beklemmende Atmosphäre erzeugt. Der Zuschauer ahnt bereits, dass es sich hier nicht um ein glückliches Paar oder eine vergnügte Urlaubsfahrt handelt.

Damit erfüllt der Ghost sound eine interpretative Funktion. Es gibt vier Funktionen, die Ton in Filmen haben kann: das Erzählen, das Synthetisieren, das Zeigen und das Interpretieren. [3]

Durch die interpretative Funktion kann der Filmeindruck verstärkt oder verändert werden und die visuelle Wahrnehmung wird variiert.

In „Gespenster" wird mehrmals mit dieser Tenorarie aus Bachs Kantate gearbeitet um Gefühle und Stimmungen darzustellen. Interessant ist dabei, dass in Bachs Werk die musikalische Betonung auf den „Zähren", den Tränen, liegt. Im Unterschied dazu sieht man im eigentlichen Film von Seiten der Schauspieler nur selten Tränen, es scheint, als würde dieser Teil der Erzählung von der Akustik übernommen.

---

[3] Borstnar, Nils: Einführung in die Film- und Fernsehwissenschaft. 2. Aufl. Konstanz: UVK 2008. S.138.

In einer später folgenden, ebenfalls im Auto spielenden Szene[4] taucht Bachs Kantate zum zweiten Mal auf. Françoise und ihr Ehemann Pierre befinden sich im Wagen auf der Fahrt durch Berlin. Zwischen den Beiden findet nur eine minimale Konversation statt. Es gibt ein kurzes Gespräch über die wohl aus dem Radio ertönende Musik. Diese Szene ist von hinten gefilmt, sodass man nur die Hinterköpfe der Personen, sowie einen Teil der Gesichter sehen kann. Diese Kameraeinstellung schränkt die visuelle Wahrnehmung des Rezipienten ein, es fällt aus dieser Perspektive schwer, die für die Interpretation der Situation wichtigen Details wie Mimik und Gestik der Personen zu erkennen. Durch die musikalische Begleitung dieser Szene scheint es jedoch, als würden die minimal eingesetzten Gesten und Worte, wie Fançoises „Je suis desolée"[5] dramatisiert und verstärkt. Die Musik, die hier als wesentliches Gestaltungskriterium wirkt, macht zusätzliche Worte oder Handlungen überflüssig. Traurigkeit und Verzweiflung werden für den Zuschauer beinahe greifbar gemacht.

Die letzte Szene, anhand derer ich die Bedeutung von Ghost sounds für „Gespenster" untersuchen möchte, spielt in einem Café.[6]
Während Nina und Toni hier frühstücken, leiht Toni sich ein paar Münzen von Nina und verschwindet aus dem sichtbaren Bildbereich. In den folgenden Sekunden sieht der Zuschauer nach wie vor Nina am Tisch des Cafés sitzen, hört jedoch Tonis Stimme aus dem Off. Sie ruft mehrmals nach einer Susanne und bringt den Rezipienten so dazu, sich Gedanken über den Raum außerhalb des filmisch dargestellten Realitätsausschnitts zu machen. Erst einige Augenblicke später schwenkt die Kamera zu Toni und der Zuschauer sieht, was er vielleicht schon vermutet hat: Toni hat einen Anruf von einem Münztelefon aus getätigt. So werden der akustische und der visuelle Eindruck des Rezipienten wieder in Einklang miteinander gebracht.

---

[4] „Gespenster", 2005, Deutschland, Christian Petzold (TC 0:10:38)

[5] ebd. (TC 0:12:11)

[6] ebd. (TC 0:13:20)

3. Resümee

Die in „Gespenster" eingesetzten Ghost sounds erfüllen diverse Aufgaben, weshalb sie sich auch in ihrer Wirkung auf die Wahrnehmung des Rezipienten unterscheiden.

Noch bevor ein Wort gesprochen wird, wird in „Gespenster" ein Ghost sound eingesetzt, der die erwünschte Atmosphäre erzeugt. Sofort entsteht durch den Einsatz von Bachs Kantate, die aus dem Nichts zu kommen scheint, ein beklemmendes Klima. Ohne musikalische Begleitung wäre der erste Filmeindruck ein anderer, der Zuschauer würde lediglich zwei Personen auf einer Autofahrt sehen, ohne auf Grund der erzeugten Atmosphäre bereits Rückschlüsse bezüglich der Stimmung der beiden zu ziehen.

Auch der Aspekt, dass die Tränen zur Veranschaulichung des Schmerzes und der allgegenwärtigen Wunde nicht von den Schauspielern, sondern vielmehr ebenfalls von diesem Musikstück dargestellt werden, zeigt die große Bedeutung der Ghost sounds für diesen Film. An dieser Stelle übernimmt der Ton einen Teil der Filmhandlung.

In der nächsten untersuchten Szene dient der Ghost sound, auch hier das Lied aus dem Radio beziehungsweise dem CD- Player, der Verstärkung des von den Schauspielern dargestellten Verhaltens. Er ist hier nicht direkt Teil der Handlung, sondern unterstützt diese und gewährleistet, dass dem Zuschauer mehr übermittelt wird, als lediglich die minimale Figurenrede.

Die Café-Szene ermutigt den Zuschauer dazu, seine Vorstellung des Geschehens über den sichtbaren Bildbereich hinaus zu erweitern und diese nicht nur auf den ihm durch Kameras sichtbar gemachten Bildausschnitt zu beschränken. Die Filmhandlung wird dem Rezipienten also nicht vollständig präsentiert.

Die Ghost sounds nehmen in den von mir beispielhaft untersuchten Szenen des Films wichtige Rollen ein, die vom Unterstützen der Filmhandlung bis hin zur Übernahme von Teilen der zu vermittelnden Handlung gehen.

Deshalb komme ich zu dem Schluss, dass der Einfluss, den Ghost sounds in „Gespenster" auf die Wahrnehmung des Zuschauers ausüben, so groß ist, dass man sie durchaus als Teil der Filmhandlung oder zumindest als diese stark unterstützende Elemente bezeichnen kann.

Literaturverzeichnis

Literaturquellen

- Borstnar, Nils: Einführung in die Film- und Fernsehwissenschaft. 2. Aufl. Konstanz: UVK 2008.

- Chion, Michel: The voice in cinema. New York [u.a.]: Columbia Univ. Press 1999.

- Cooke, Mervin: A History of film music. Cambridge [u.a.]: 2008.

- Löffler, Petra: Ghost Sounds und die kinematographische Imagination. In: Thomas Schick und Tobias Ebbrecht (Hg.): Kino in Bewegung. Wiesbaden: VS Verlag für Sozialwissenschaften 2011.

Filmquellen

- „Gespenster", 2005, Deutschland, Christian Petzold

BEI GRIN MACHT SICH IHR WISSEN BEZAHLT

- Wir veröffentlichen Ihre Hausarbeit, Bachelor- und Masterarbeit

- Ihr eigenes eBook und Buch - weltweit in allen wichtigen Shops

- Verdienen Sie an jedem Verkauf

Jetzt bei www.GRIN.com hochladen und kostenlos publizieren